再窮也要談戀愛

開源節流幸福保證班

誰說談戀愛一定要花大錢
我們可以不吃昂貴的西餐
不看精采的首輪電影
不用鑽石和鮮花
一樣可以好好談一場轟轟烈烈的戀愛
我們不是什麼都沒有
我們有的是熱情
和對愛情的堅定信仰
心意也絕對是百分百
所以我們絕對堅持對愛情的渴望
也願意犧牲
來成全自我對愛情的信念
那就動手吧
努力創造自我對待愛情方式
有時浪漫
有時搞笑
有時無厘頭
有時卻又可以說出什麼人生大道理
愛情不就是這樣
如果生命是不斷的感動
我相信愛會創造出更多不可思議的力量
並可以支持著生存下去的魔力

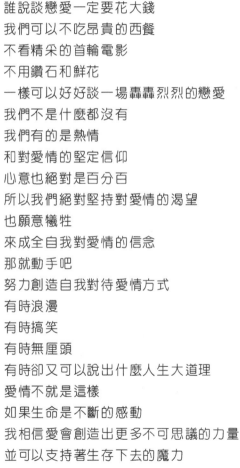

最重要的是對方的生日

很日本的夏日煙火表演

七夕浪漫的情人節

搞怪一點的萬聖節

溫馨氣氛的聖誕節

適合旅行的春節

永遠都有一些冷到不行的笑話

記住那些愛情裡的數字

甜言蜜語就應該這樣打入心坎兒裡

學習講話的藝術

製造免費的驚喜

不經意的送上溫暖

小動作大窩心

簡訊和電話攻勢

當個對方心靈的張老師

家人也要一起愛

Lesson 1
動手創意篇

長久的愛情，不能只有習慣！
處處製造一些小驚喜，
其實不用花到什麼錢，
但幸福，
卻可以滿滿的喔！

幸福可以是單純的開始

幸福紅豆灌溉包

方法 準備幾個紅豆（或綠豆），放入小袋子裡，用一張白紙，上面寫上一些字，貼在袋子上面。

放入　袋子!

紙條貼在袋子上

綁上小紙帶　完成!　Good

費用 紅豆一包約30元，只需要5-6顆，其它還可以煮紅豆湯喔！

祕語 如果你問我為何要送你"紅豆"？我會跟你說：「因為愛情是需要好好灌溉的！」

心是最珍貴的禮物

全世界最昂貴的手做卡片

鑽石？三層蛋糕？
還是999朵玫瑰？
到底要送啥給你，
才好呢？

想了好久，
決定把心送給你。
希望你好好保管它喔！
拜託了~~

因為心是
無價的！

開源節流幸福保證班

方法 1 在卡紙上畫上一些鑽石、戒指等禮物（高級一點沒有關係）。

這些應該也行!!

2 把它們一一剪下，用泡綿膠貼在畫好的格子上。

泡綿膠剪一小塊

泡綿膠可以做出立體效果，專門用在紙雕上的。

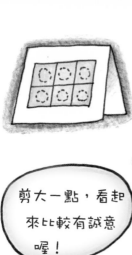

3 全部貼好後，用同樣的方式剪下一個大大的心。

紅紙

剪大一點，看起來比較有誠意喔！

貼在這

 ← 心

 ← 泡綿膠
剪2個疊起來貼

4 寫上心裡想說的話，即可完成。

開源節流幸福保證班

愛就是處處都可以發現驚奇

澎湖情種

你知道嗎？
除了相思豆外，這世界上還
有一種代表愛情的豆子！

長這樣

每顆種子
都有一顆心

原來

這種子是澎湖推廣的
種子藝品，稱他為心
豆或澎湖情種，受情
人所喜愛喔！

12

想辦法來變成美麗的藝品吧!

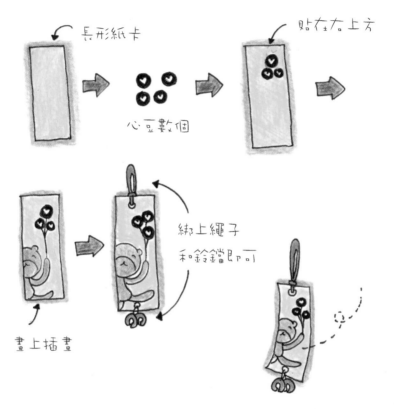

長形紙卡

心豆數個

貼在右上方

綁上繩子
和鈴鐺即可

畫上插畫

祕語 如果幸福是響鈴,那你一定是風,把我的幸
福吹醒,一次又一次。

開源節流幸福保證班

 台灣也有很多澎湖情種，多觀察路邊及行道樹，會有意想不到的收穫喔！網路上也找得到（每粒1元，100元有200粒喔！！）。

 多發揮一些想像，可以讓作品更有趣喔！

裝滿回憶的紀念

創意相框

喝完的隨手杯大變身！

GO GO GO

底部

切一小個方形

照片插入上面的開口

上面再切一刀

把照片剪下來

照片要剪的比杯底的洞大喔

開源節流幸福保證班

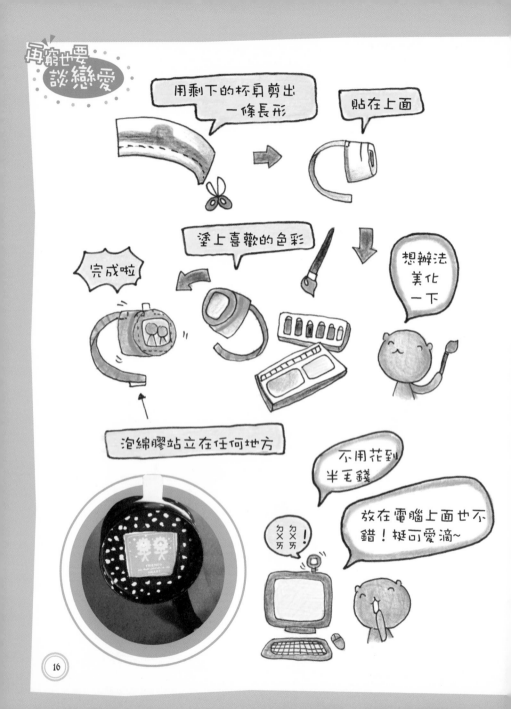

蓋上想念的戳記

簡易的手蓋印章

在外面訂做一個專屬的印章少說也要100元以上，其實，可以用「珍珠板」和「鉛筆」作出簡易的手蓋印章喔！

珍珠板　　　　剪下印章的膜　　　　用鉛筆直接刻

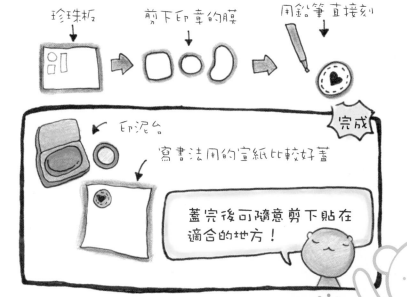

完成

印泥台

寫書法用的宣紙比較好蓋

蓋完後可隨意剪下貼在適合的地方！

 如何去運用蓋好的印章呢？

〈 方法如下 〉

1 小卡片

2 便條紙

3 書籤

提供一些好範例吧！！
〈窩心〉

貼心就是最好的戀愛秘辛

服務到家的無敵按摩券

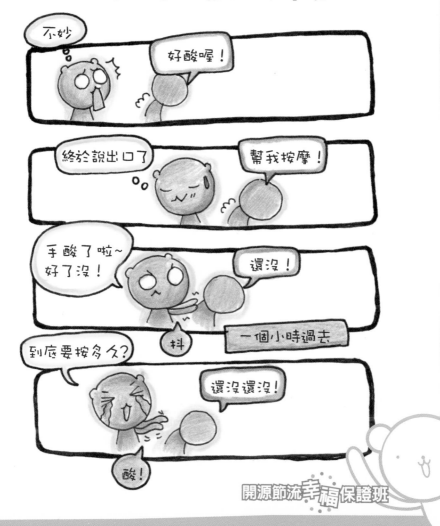

（冰敷中）

如果按摩是必要的，那不如來想一個方法，既窩心又可以增加趣味的。

有了！

我真聰明！

窩心按摩券

 方法 利用名片大小的卡紙（約10張），上面分別寫上要按摩的部位跟時間；再用任何方法裝訂成一本（建議可直接打洞，綁上繩子）即可。

 費用 不用半毛錢。

省！

叫我省錢小達人！

補充 按摩時間第一、二張可以寫久一點，先釋出誠意，慢慢縮短時間。這樣一來，不但讓對方養成珍惜你對他（她）的服務，也省的輕鬆。

一本用完後，對方會很期待有下一本喔！但要等對方表現好一點再給下一本，哈！哈！

try看看

真是一個好方法呀！！

自high

開源節流幸福保證班

我也許是你的愛情詩人

寫一首永劫不復的愛情詩篇

秋天落葉的時候,就想到應該可以
好好為對方做些什麼的?

配合季節,配合情緒,就來當個多
情的詩人吧!

但是!要怎樣寫出一首
好情詩呢?

方法

1 由淺至深,由慢至快,由平淡至強烈。

2 勿芭樂,勿誇大。

3 可押韻，但不為了押韻而押韻。

4 真誠必能感動。

把握這些重點，必能寫出自然感動的詩句喔！

例子 提供一首詩給你做參考：

/ 微涼 /　　　陳柏男

山色　湖上的光
和秋涼
我站在雲端上
找你的方向
夕陽　波瀾
與河川
我堅持著愛情的信仰
不放

開源節流幸福保證班

好不容易寫好的情詩，要怎樣送給對方呢？

讓我來教教你吧~

 例子

1 利用瓶中信的方式，將寫好在小紙條上的詩捲起來，放入瓶身中，外面綁上繩子即可。

2 用古式捲軸的方式，在寫好詩的紙條上（最好是長條的），上下或左右貼上捲好的紙筒即可。

費用 小瓶子10-25元，價格依瓶子大小而定。

紙筒，自己做不用錢。

每個人都可以是詩人喔！

如果真的寫不出來，可以把"詩"改成"信"來寫，這樣就比較容易了。

不然就直接去找一些有名的詩人，或找適合自己心境的詩也是OK啦~~

席慕蓉是我的最 ♥

開源節流幸福保證班

你就是我的天使

訂做一個天使情人

每個人的心目中都住著一個天使，那個天使會守護著自己，只是你看不見，天使總是在你需要的時候，給你溫暖。

訂做一個天使情人吧～

方法

1 準備一個保麗龍球，用針線穿刺，綁上線（可以吊起來的）。

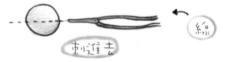

刺進去　綁

2 利用白色卡紙剪成一個扇形做身體和兩片翅膀。

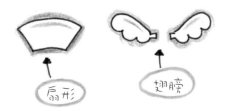

扇形　　翅膀

3 利用保麗龍膠把身體及翅膀固定在頭
上，畫上眼睛等五官和身上的裝飾即
可。

在身體的背部開2刀，翅膀直
接插入。

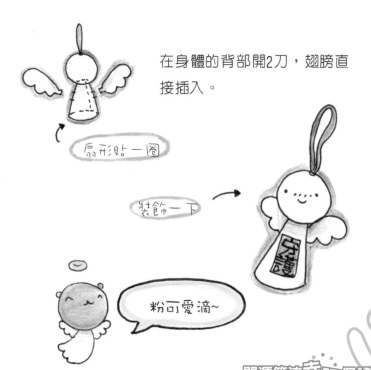

扇形貼一圈

裝飾一下

粉可愛滴~

當然，也可以做一對，也是很不錯喔！身體上面可以寫上希望為對方守護的願望，這樣會更有意義！！

 保麗龍球依大小而定5-25元。
卡紙(白色西卡紙8K)1張2元。
保麗龍膠(小瓶)25元。

祕語 讓我做你的守護天使吧！

〈一對的〉

花言巧語

一朵玫瑰代表唯一的愛

玫瑰花到底要怎麼送，才可以浪漫又省錢呢？

市面上包的美美的一束玫瑰花，便宜一點的要500元，大束貴一點的肯定超過1000元以上。

如果不想白花錢買浪漫，倒不如就用一朵玫瑰花改造後，一樣可以做出頂級的浪漫喔。

GO！

開源節流幸福保證班

方法

1 買一朵玫瑰花，把花幹剪掉，留花就好了。

2 再找一個美麗的透明空盒子（像是單片蛋糕包裝盒的那種）。
將盒內放入濕濕的衛生紙，增加玫瑰的保存。

3 再放入些許的碎紙條。

4 最後，放上鮮花即可。

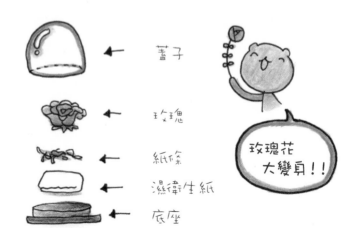

蓋子

玫瑰

紙條

濕衛生紙

底座

玫瑰花
大變身！！

 一枝便宜的玫瑰5-8元，空盒子平常多留意，一定有適合的。

平常就要有收納的習慣，包裝盒不要亂丟！

 給你，我唯 "一" 的愛。

開源節流幸福保證班

一起來玩創意吧

獨一無二的情侶手繪T恤

既然要送禮了，也是要送個有創意和窩心的
禮物。
那就一起來做個手繪達人吧！！

 準備　一件純白的T恤。黑色壓克力顏料。

 方法　用系的水彩筆或是尼龍筆直接沾顏料（不需
加水）畫在T恤上面即可。

補充　壓克力顏料適合畫在木頭、布、金屬、塑膠、石頭上都沒問題。不但防水，還不易脫落，但畫筆用完後要立即用清洗，不然會硬掉。

例子　以簡單的線條為主就好，不用畫大或太複雜的東西喔！

T恤適合塗鴉的地方有：

（正面）　（正面）　（正面）　（背面）

快去創作一件獨特的手繪衣吧！！

 純棉白色T恤199元。

壓克力顏料（單瓶60ml）80元。

完成後，絕對是一件獨一無二的禮物！

同樣道理，畫在空白帽子、鞋子等等上也是可行滴~

木頭製的書架！

只要是布、木頭…等都可以在上面畫畫喔！

增加勇氣跟愛的祈求

打氣祈福袋

想要幫對方跟自己的幸福加溫嗎？還是希望事業順心，健康平安呢？一起來做一個祈福御安，求幸福吧！！

方法

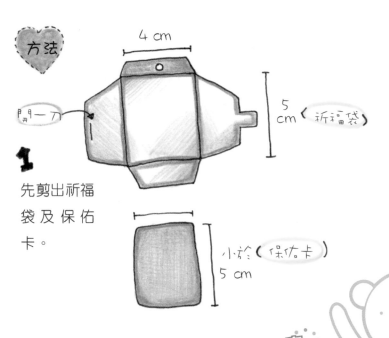

開一刀

先剪出祈福袋及保佑卡。

4 cm

5 cm 〈祈福袋〉

小於〈保佑卡〉
5 cm

2 在祈福袋的正面畫上可愛的插圖跟主要保佑的事情。

像這樣。

3 在保佑卡上面說明細項。

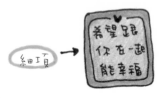
細項
希望跟你在一起能幸福

金錢運

4 把祈福袋跟保佑卡裝好後，吊上繩子即可。

打洞

往內折插入開好的小洞中，就可放入保佑卡了。

心誠則靈！

浪漫節慶篇

放假就應該好好計畫一下，但偏偏餐廳卻總是定不到位，高級的禮物也沒辦法給，這樣還可以好好過節嗎？轉個心情，換個物美價廉的慶祝方式，也可以好好度過美好的節日喔！

一定要過的西洋情人節

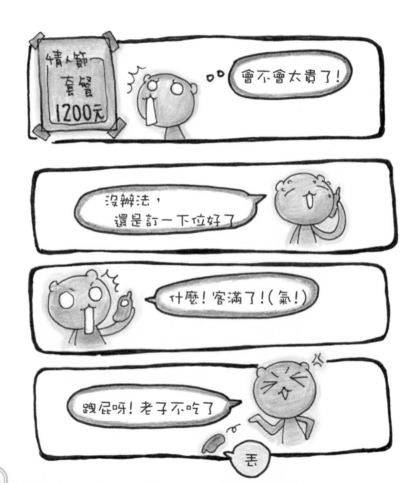

應該還有更好的方法來慶祝！

簡單做出浪漫的情人節餐：

主題 ➡ 夏威夷奶油焗烤麵

準備 ➡ 義大利麵、肉醬料理包、蝦仁、鳳梨罐頭、起司條

 ➡ **1** 先把義大利麵煮起來放。

2 放入烤盤上並加上肉醬料理包(奶油的)攪拌一下。

3 放上蝦仁跟鳳梨在上面。

4 最後放上起司條就可以進烤箱了。

美味的勒！

開源節流幸福保證班

學會了主餐，再來做濃湯吧！

超市有在賣 "打個蛋花就可以" 的
玉米濃湯！

不過， 大發現！ 除了玉米濃湯

還有一種更棒的『巧飽湯』，不用打蛋花喔！但要
加牛奶（1/2罐），好喝喔！

讚！

再去大賣場或麵包店買長條的法國麵包就可以當前
餐了（配濃湯用）！或是蒜味麵包也行！

奶油塊！

好吃！又有氣氛的情人節晚餐大功告成！

大成功！

簡單又便宜喔！

費用

主餐 ➡ 約180元（2人份）。

附餐 ➡ 約100元。

其他 ➡ 小禮物及玫瑰花費用。

開源節流幸福保證班

最重要的是對方的生日

準備一個像樣的生日禮物真的很難！
花大錢買昂貴的禮物，對方不見得喜歡。
怎麼辦？

既然不知道要送什麼，那就先做一下功課吧！

用心了解對方的需求跟想要，或幫對方設想。

開源節流幸福保證班

經過這樣的思考，禮物就不容易送錯了喔！

當然，也可以趁機把答應對方的事一起實現！

喜歡的音樂或想看卻錯過的電影

留下來的票根

最愛的口味

瑞X糖

數位相機裡的照片趁機洗出來

可愛布娃娃

逛街看到的

〈把所有的東西放入生日驚喜盒裡〉

打包後，完成！

這是一個充滿愛的生日驚喜盒，感覺很像外面賣的福袋或驚喜包，裡面有很多大大小小的東西，總會有一兩個是喜歡的！

重點是，這是用心準備的！錢花少少，誠意卻滿滿！

開源節流幸福保證班

還可以在每個禮物上面附上一張小卡片或紙條，上面寫一些送禮的原因。

禮物1：音樂光碟

原因　：因為你老是跟我抱怨都聽舊歌。

禮物2：小魚零錢包

原因　：逛街的時候你說它很可愛，我是覺得還好。

禮物3：草莓口味的瑞Ｘ糖

原因　：你說它讓你想起小候，我也愛的勒。

以上是例子，供參考！但還是自己想比較好喔！

再買個小蛋糕就完美了

很日本的夏日煙火表演

夏日的煙火表演，原來自於日本的節慶，為了祈禱惡病流疾的退散而定的花火祭，每年都會舉行喔！

這個夏天，何嘗不來玩個煙火遊戲，慶祝這個夏天的來臨，浪漫一整個夜晚，也不錯喔！

可以找幾個朋友，一起來迎接這個夏天！

既然要約了，就好好計劃一下吧！！

開源節流幸福保證班

可以選擇人少的河堤或安全的溪流邊（海邊應該更棒），如果真的沒有就找自家附近的空地、草皮或光害少的地方。

約幾個朋友，比較安全。吃飯後買個咖啡就可以到白天已經看好的場地施放煙火了。害羞的人就玩玩比較不可怕的仙女棒。在氣氛美好的環境下，吹著涼涼的風，聊聊天。彼此許下這個夏天的計畫和希望，夏天就可以正式來臨了。

➡ 用火的時候,請小心,回程順道把垃圾帶走喔!

 ➡ 台灣夏天的溪邊或河堤山上會出現少見的螢火蟲,多觀察,幸運的話就會被你發現的。

開源節流幸福保證班

七夕浪漫的情人節

哪來那麼多情人節呀！

不如來做個巧克力鍋吧！

準備 ➡ 巧克力鍋的鍋子、新鮮水果、巧克力塊（磚塊的那種，不然大波露也行）、餅乾（有孔雀的那種餅乾比較適合）。

方法 ➡

① 把水果切好備用。

② 巧克力切小塊放入鍋內。

③ 蠟燭加熱（巧克力可以先隔水加熱）。

④ 依個人喜好以水果或餅乾、麵包、棉花糖沾巧克力。

 注意 ⇨ 水果類的香蕉跟草莓最適合，還有巧克力鍋千萬不要因為比較乾就加水，這樣會焦掉。但可以試試看加少許的牛奶，口味應該也不錯！

  同樣的道理，如果把巧克力改成起司，就變成起司鍋了！！

  水果依季節價格不一，不過可以去水果行挑少份量但多樣的水果比較划算。

不然賣場的都是一盒一盒的，水果行可以單買一個蘋果和其他，加一加100元上下而已(2人份)。

巧克力磚約180元，可以用2~3次，如果要更省可以買10元的大波露2~3片。

餅乾或蘋果麵包20-30元。

 150元搞定！

搞怪一點的萬聖節

萬聖節好像不怎麼紅，但計畫一下，一樣可以玩的創意又開心喔！！！

主題 ➡ 搞怪的萬聖啤酒節。

準備 ➡ 啤酒（依喜好跟人數決定）。
遊戲用的彩裝組（一般女生都有）。
桌上萬聖節飾品（可以自己DIY）。

〈萬聖節桌上飾品時間〉

畫好南瓜剪下外型跟眼睛、嘴巴部分

貼上去

去掉黑色

開源節流幸福保證班

在厚紙板上畫上蜘蛛網，用保鮮膜包起來。

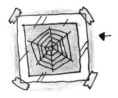

← 蓋上保鮮膜，固定一下即可。

用白膠直接在上面沿著畫好的蜘蛛網線畫上白膠。

等白膠乾後，拿走保鮮膜跟厚紙，在做好的蜘蛛網上塗上黑色顏料即可。

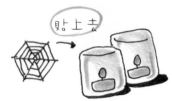

貼上去

隨意貼在蠟燭杯上或適合的任何地方。

 ➡ 做好桌飾整個就很有氣氛了。

再去買個啤酒就ok了。

 可以玩一些小遊戲,輸的就用準

備好的眉筆之類的畫臉,也很有

萬聖節的感覺喔!

 ➡ 只要把握黑色跟橘

色的用色,南瓜、

惡魔、蜘蛛、骷髏

頭就很有味道了。

開源節流幸福保證班

溫馨氣氛的聖誕節

過完萬聖節後，年底的重頭戲就是溫馨的聖誕節了。

一定要好好慶祝一下才行。

越多人越好玩

聖誕溫馨趴

 準備　➡️　交換禮物、聖誕大餐、情境佈置。

🌲　情境佈置　**1** 把歷年收到的聖誕卡片吊掛起來。

 方法　➡️　

 串起來

留言板方式貼好

 情境佈置 **2** 主要聖誕樹上的飾品省錢創意。

 家裡面一定有很多可以掛在手機上面的吊飾，不過手機只有一支，所以那些可愛的手機吊飾就可以趁機選擇適合的吊掛在聖誕樹上了。
或是轉到的扭蛋有些也有吊掛功能。

 情境佈置 **3** 創意手做聖誕樹（桌上型）DIY。

 鐵絲、金色彩帶、長型玻璃瓶。

開源節流幸福保證班

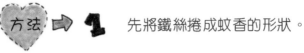

方法 ➡ **1** 先將鐵絲捲成蚊香的形狀。

↑ 蚊香

2 將蚊香中心的頭接到玻璃瓶頭上，再將鐵絲網下拉。

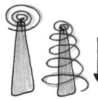

往下拉！

3 聖誕樹的雛型完成後，用金色的彩帶繞在鐵絲上，就粉美了。

裝上星星更棒

費用 鐵絲一包20元，金色彩帶10元，玻璃瓶是喝飲料留下來的。

交換禮物 **1** 　　如果是跟一群朋友玩的，必須規定一下禮物的金額，200元或500元都可以，不然就會覺得不公平喔！

交換禮物 **2** 　　選擇交換禮物的重點是必須要大眾化跟中性化，男女都能使用的，建議可以選擇精油系列（薰香也行），更安全的禮物就是食物（人人都愛的巧克力之類的）。

交換禮物 **3** 　　不管是送什麼，最好是大方和誠意，這樣收到禮物的對方才會開心。

開源節流幸福保證班

 聖誕大餐 **1** 熱狗起司（點心）

 把便利商店裡加熱過的熱狗切丁。

 把起司切成9等份備用。

 起司放在切丁的熱狗上加上調味包即可。

桌上點心輕鬆做！

 聖誕大餐 **2** 燒烤全雞（主餐）

建議可以直接去大賣場買烤好的全雞當主餐喔！

 省事！

 **聖誕大餐 3** 聖代冰淇淋（甜點）

 盒裝冰淇淋挖出適量放入美美的杯子中。

 在上面裝飾一點餅乾（捲心酥之類的）即可。

脆Ｘ酥　巧克力豆　冰淇淋大變身！

費用 點心 ➡ 熱狗（大）25元、起司片45元/包。

　　　主餐 ➡ 全雞250元不等。

　　　甜點 ➡ 盒裝冰淇淋15元、餅乾隨意。

把握以上這幾點，準備完善後，就完成8、9成了。
如果可以再計劃一下活動，準備其他節目就太棒了。

活動節目 **1** 個人表演

請每個人表演自己的才藝，為個人show時間。

活動節目 **2** 遊戲

可以參考電視節目的各種遊戲內容，如有需要也請自備道具。

活動節目 **3** 交換禮物

選擇一個有趣的方式來玩交換禮物，不然抽籤也可以。

溫馨的END

活動結束後,不要忘記感性的時間,請大家發表一下感言和心得,用溫馨的氣氛來做END。

> 又是一個完美的演出!有時候戀愛也可以很熱鬧!把對方介紹給你的好朋友,然後就可以一起出去玩了。

> 這樣一來,朋友就不會說你見色忘友了!哈!

開源節流幸福保證班

適合旅行的春節

春節各大遊樂區到處都是人。

既然是這樣就不要跟別人人擠人。去不用門票，又不用排隊、可以親近大自然的地方吧！

草莓園其實各地都有（當然有2/3在大湖），產季剛好是冬天（每年11月到隔年3月，分四期採收）。

費用150元-200元一斤都有，採多少算多少，大多都不算人頭的！

草莓不用採太多喔！容易壞！

早上採草莓，中午就來個貼近大自然的野餐趣吧！

 準備 新鮮蔬果沙拉、便利商店的三角御飯糰。

開源節流幸福保證班

野餐囉！

方法 ➡ 把採好的草莓一部份切丁

放入蔬果內，另一部份壓碎跟沙拉醬一起攪拌，就成為美味的草莓沙拉了。

壓爛它！

擠入沙拉醬

Yummy! Yummy!

煉乳

比吃餐廳還省喔！

野餐完後，再來去個草莓文化館走走，買個
伴手禮吧！

開源節流幸福保證班

總之，採草莓是件有趣的事情，也很適合情侶一起採，挺浪漫的，費用也比遊樂園省喔！適合一日遊，但可能一個月之內不會想碰草莓了。

Lesson3
生活趣味篇

愛情不能避過，要積極的反應對方的問題，為了讓對方注意你（妳），必須要耍一下心機，製造更多加分的機會！

永遠都有一些冷到不行的笑話

兩個人在一起的時候，有時會不知道要說些什麼話，但是，你又不想冷場，這個時候該怎麼辦呢？

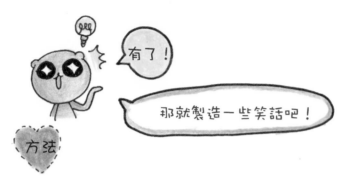

看電視的時候，不錯的冷笑話可以隨手抄下來，等到時機到了，就可以派上用場了。

當然，也是會有不好笑的時候，不過一
定有幾次是成功的。

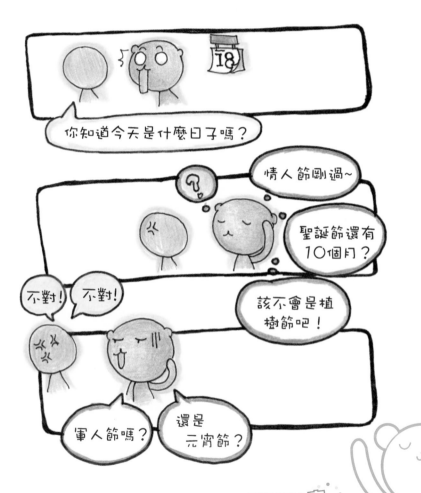

記住那些愛情裡的數字

開源節流幸福保證班

 如果可以把一些在一起的日子記下來，例如決定要在一起的日子、對方的生日、訂婚、結婚……一堆有的沒的紀念日，那就萬無一失了。

開源節流幸福保證班

甜言蜜語就應該這樣打入心坎兒裡

在一起久了，也不知道是習慣還是怎樣的，

越來越不會說甜言蜜語了！

會害羞！

但！這是不行滴！

甜言蜜語要有，但不用多；可以直接但不油

條；可以裝害羞，但是不扭捏。

1 要說出來，不要只說一半。

2 要真誠發自內心。

3 要說到做到。

三要！

甜言蜜語攻勢 **1.**

甜言蜜語攻勢

昨晚你一定很忙

又來!

裝一下無辜

怎麼說呢?

因為…

？

你一直在我的夢裡繞呀繞的~

學習講話的藝術

人跟人的對話，其實是一門藝術，要學會應對，多鼓勵，少抱怨，多關心，少批評。

這樣，才能免除不必要的麻煩，創造更合諧的人際關係喔！

開源節流幸福保證班

這就像是小時候考試成績出來後，家長會有兩極的反應：

同樣的一件事情，多鼓勵的方式會比打罵教育還有意義。

跟情人出去，也是要學習講話的藝術。

講話這種東西，其實只是一個反應，換個方式回答，得到的回應卻非常不一樣喔！

開源節流幸福保證班

製造免費的驚喜

不想花大錢製造驚喜，
那就多用心，
尋找免費的驚喜吧！

1. 尋找沒去過的觀賞夜景地點。

2. 百貨公司前整點表演。

3. 跨年或是其他活動的煙火表演。

以上的例子都是不用錢的驚喜，只要多花一點時間尋找或是注意民間辦的任何活動就行了。

記住！生活裡處處都有驚喜喔！

開源節流幸福保證班

不經意的送上溫暖

送上溫暖,其實也很簡單,只要多注意對方的需求,想像對方需要的或對方沒有想到的,你也可以窩心的注意到。

這樣的溫暖,隨時都要注意的!有時候只是一個動作或一句話。

開源節流幸福保證班

小動作大窩心

有些時候不經意的小動作，也可以是大大的窩心喔！

除了幫忙開門、拉椅子之外，其實還有更多小細節可以讓對方覺得自己粉窩心！

 逛街的時候自己走近車道的那一邊。

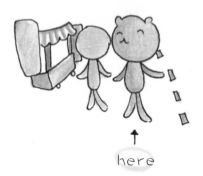

here

方法 **2** 過馬路一定要注意對方或幫忙擋一下。

方法 **3** 當對方的擋箭牌。

開源節流幸福保證班

方法 **4** 幫對方拿東西（但，是太多或太重的時候）。

方法 **5** 喝飲料時，順手幫對方開好瓶蓋。

把握小動作的窩心，可以增加自我的魅力喔！！！

簡訊和電話攻勢

想到就打電話，或傳簡訊也行。

例如習慣每天8點打一通電話給對方，對方就

會習慣時間一到就等你的電話。

忽然有一天沒在時間內收到你的電話或簡

訊，對方一定會心急的回撥。

（可以測試一下對方有沒有在意自己！）

怎麼還不打來？

開源節流幸福保證班

不方便或不好意思說的時候，就傳簡訊吧~

手機是一個直接聯絡的方式，所以請直接告訴
對方『手機24小時開機，如果在忙沒接到電
話，看到未接來電時也會馬上回電』！

這是讓對方有安全感的交代，也會大大加分
喔！

吵架還是怎樣的，千萬不能關機搞失蹤！

這是不負責任的，也要給機會讓對方解釋

清楚才行。

開源節流幸福保證班

當個對方心靈的張老師

人跟人的相處，一定有不如意，也會遇到對方不開心或不順利的時候。

這時，就可以發揮張老師的精神來開導對方了。

別這樣啦～

不如意！

方法 1 張老師的精神，幫對方面對問題，
並設法解決問題。

方法 2 如果問題已經是沒辦法解決的，
那就以安慰為主就可以了。

開源節流幸福保證班

家人也要一起愛

對方的家人也要一起愛才行喔！這樣家長們
才會認為你是個好孩子。

跟家人一起看電視，
卻不知道要聊什麼才好……。

開源節流幸福保證班

見過幾次面後，就不可以再緊張害羞了。要
主動出擊，找話題。製造話題可以先打聽對
方家人的喜好跟習慣，或是政黨之類的，以
免犯了錯都還不知道勒！

Lesson 4
精打細算篇

不出門就可以省一點了嗎？錯！就算節約也要踏出戶外，活的快樂（哈哈）！節約，其實是為了更好的未來。

所以才要一起努力經營，於是開始省錢大作戰，但要怎樣出門又可以省的有計畫、省的漂亮呢？請注意了！

一起去踏青吧

好想出去玩喔！
可是身上沒多少錢，
怎麼辦呢？

那就一起去踏青吧！

Go Go Go!

公園還是學校都不錯！！

那午餐呢？吃不起餐廳，那就自己做一些簡單美味的料理吧！

 準備 菠蘿麵包、起司、生菜、美乃滋。

方法 麵包回來的簡單菠蘿麵包切成4等份。

再將其中一等份切開，就可以來包東西了。

切一個開口

先塗上美乃滋，放上準備好的起司片和生菜即可。

完成！

開源節流幸福保證班

這樣簡單又美味的菠蘿三明治創意料理就完成了！

裝入便當盒就有午餐可以吃了！

省！

如果還嫌不夠，可以再買玉米粒罐頭或其他，加上原本就有的生菜和美乃滋，簡單的生菜沙拉，完成！

美乃滋要吃再擠

多一道也不錯！

在公園草地上享受涼涼的午後，吹吹風，
聽葉子的聲音。

簡單，就很舒服！

離開電腦桌，走出戶外，運動去！

吃飽後，打打球也不錯！！

開源節流幸福保證班

參與社區活動

民間有很多活動都是免費參加的！配合節慶和
週末的各類活動，只要上上網，到各縣市政府
的網站上面看看，就有粉多資訊喔！

上個網，就
知道了！

大致分成幾類 ➡

1. (活動類) （ 社區活動、公益內容… ）
2. (展演類) （ 書展、演奏會、舞蹈表演…）
3. (競賽類) （各類比賽… ）

一年到頭，有超多的活動可以自由選擇喜愛的去參加，不但不需要什麼費用，說不定還可以有其他驚喜之類的喔！

開源節流幸福保證班

提升彼此的藝文氣息

美術館或文化中心有很多的藝文活動，都是不收費的，不但可以待上老半天，還有免費的冷氣可以吹喔！

開源節流幸福保證班

還有很多簡介可以自由索取！

現在很多藝術都是跟參觀者互動的藝術，很

有趣的！

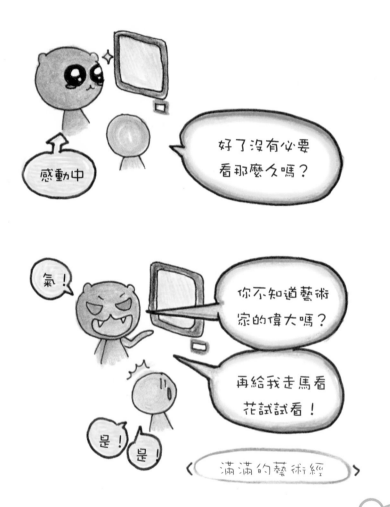

開源節流幸福保證班

打發時間的二輪電影

看電影也是不錯的選擇！

開源節流幸福保證班

二輪電影，雖然比較沒有那麼高享受，也沒辦法看到最新上映的電影，要是你不介意，其實二輪電影是不錯的選擇。

計算一下，如果首輪看1片，二輪可以看4片，又加上買飲料的錢，省粉多喔！

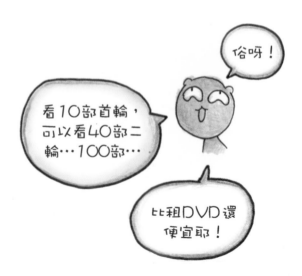

逛街是一定要的啦

兩人在一起免不了會去逛逛街，但要怎樣才能有方式的逛街買東西呢？

方法 1

今天要買一件橫條長袖上衣，價格500元上下都可以接受。

這件還不錯！價錢也在預算內！好！

sale 390元

開源節流幸福保證班

買到了！真開心！
還有110元，可
以來買東西吃。

方法 **2** 沒目標，但是有預算的逛
街。

預算只有
100元，只
好省著花！

有500元耶~
可以吃好一點
的！

要量入為出的使用自己的金錢
喔！

方法 **3** 買東西請三思。

一個東西如果讓你回家後會一直想念它的
話，那就去買它吧！

搭出時尚感的舊衣櫥

雜誌上的這件衣服好好看呀~

這樣搭也很有型耶~

好看！好看！

但是，好貴…好貴…

想…

怎麼辦才好呢？

開源節流幸福保證班

那就翻翻舊衣櫥吧!

平常我們老是穿那幾套衣服,一看到新的或是喜歡的就會又想買。所以建議你沒衣服穿的時候就翻翻舊衣櫥,也許可以找到適合的單品!

也可以穿出跟雜誌同款的造型搭法喔!

現在流行的多層次穿法或是混搭風,也都很不錯。

一定可以找到寶的!

好呀!

開源節流幸福保證班

 不用另外再多花錢，就可以變出多種打扮，換個穿著，也順便換個心情，舊衣櫥也能穿出新時尚喔！

所以買衣服可以多注意，可以買多搭的單品。
當然，顏色也要多注意，穿出適合的喔！

吃到飽的幸福199

平常可以吃很省，但是有時候也要好好犒賞一下自己與對方喔！

跟喜歡的人一起去吃幸福的199吃到飽吧！

為了去吃吃到飽，前一天就不要吃宵夜，當天早餐也可以不用吃啦~忍一忍！

開源節流幸福保證班

然後，中午就可以好好去吃個粗飽了！
當然，因為會吃很撐，所以晚上也可以不用
吃晚餐了！

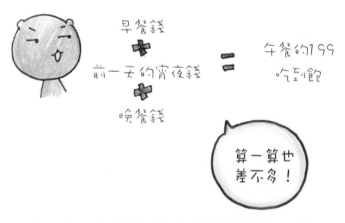

記住喔！如果可以選擇非假日的中午去吃，
有些餐廳會比較便宜喔！

＊ 後記 ＊

　　一日，朋友自述他的愛情史，說在一起久了，愛已變成習慣，都沒有戀愛的感覺了，現在連電話也很少打。在替他感到心寒之餘，不禁也覺得現在的速食愛情好像漸漸讓人忘記了愛情的真正意義。因此我想，我們是不是可以再次尋找回那個純真的戀愛？簡單的去喜歡一個人，或願意為對方做些什麼？犧牲些什麼呢？

　　這其實不難，只要有『心』，我相信『心可以感動一切』。

　　誰說談戀愛一定要花大錢？誰說愛情與麵包不可以兼得？這本書就是要用幽默輕鬆的方式，經濟又實惠的擁有愛情，並且讓愛情穩固，長長久久。

　　所以必須為愛省錢，不是摳門，而是為了更美好的未來，要有計畫的花用金錢。這樣有方法的消費，量入為出並精打細算，才會有更美好的人生。

這幾年卡債族越來越多，大多都是不會使用金錢管理，負債累累，不但造成負擔更因為債務利息，擴大了問題。

因此，『省錢戀愛』變成一種流行，大家都要學習怎樣才能做一個省錢的戀愛達人。

『愛情是需要灌溉的！』如果可以處處用心，有時候一個小動作，卻可以是大大的窩心。

很多戀人常常犯這樣的錯誤：出門吃飯的時候，問對方要吃什麼？對方回答：『隨便！』此時當自己說出想吃的食物時，問對方：『吃日本料理好不好？』對方竟回答：『不要！』這個時候你就會錯愕的想：不是說隨便了嗎？

類似這樣的問題真的是層出不窮，又例如；相處的時候，難免會有爭執、吵

架，但卻又很在意對方，頻
頻看手機的來電顯示，卻因
為嘔氣而不主動打電話，就
這樣開始了兩個人的冷戰，

唯一的解決方式就是『主動』。別因為等待而失
去了機會。

　　因此很多時候，真的只要轉個想法，或是為
對方設想一下，結局卻有大大的轉變喔！

　　兩個人生活太長久會漸漸變得平淡，所以必
須要時時提醒自己，不能有倦怠的想法。製造小
驚喜是必要的，可以營造一點浪漫或是做一些讓
對方覺得窩心的事情。這樣不但讓自己加分，也
會讓感情持續升溫。

　　『生活處處都有趣味的！』兩個人在一起就
是有一種默契，有時候一個眼神就知道對方要的
是什麼？或是想說什麼話？愛情就是在這樣的默
契之下變的難得。是的！這個『難得』真的是天

造地設的難得，我常想世界這麼大，在同一時空裡很難遇到相知相惜的彼此，甚至在對的時間遇到對的人更是難的出奇。所以更是要珍惜，已經沒有時間去吵架、冷戰和不開心了。珍惜在這個世界上遇到的每個有感覺的人，好好去喜歡或接受被人喜歡，這樣就好了，真的。

走過生命的感動，擁抱就是愛最直接的表現。

我常認為，人可以孤單的過一輩子，但一定要愛過，這樣生命才完整。

記住！如果下次再遇到愛，請把握！或是已經遇到了，請珍惜！

生命不允許一而再的錯過。

柏男 2007

開源節流幸福保證班　　FUN002

作者／繪圖　陳柏男
發　行　人　洪心容
總　編　輯　黃世勳
主　　　編　陳冠婷
執 行 監 製　賀曉帆
美 術 編 輯　王思婷、呂姿珊
封 面 設 計　呂姿珊
　　　　　　TEL：0926-758872
　　　　　　E-mail：lifer001@gmial.com
出　版　者　展讀文化事業有限公司
　　　　　　台中市西屯區漢口路2段231號2樓
　　　　　　TEL：(04)24521807　FAX：(04)24513175
　　　　　　網址：http://www.flywings.com.tw
　　　　　　E-mail：79989887@lsc.net.tw
總　經　銷　紅螞蟻圖書有限公司
　　　　　　台北市內湖區舊宗路2段121巷28號4樓
　　　　　　TEL：(02)27953656　FAX：(02)27954100
初 版 一 刷　西元2007年6月

定價220元
（缺頁或破損的書，請寄回更換）
ISBN 978-986-82157-5-7
版權所有・翻印必究

郵政劃撥
戶名：展讀文化事業有限公司
帳號：2 2 6 1 0 9 3 6

國家圖書館出版品預行編目資料

再窮也要談戀愛：開源節流幸 福保證班／陳柏男
作・圖：－－初版.－－臺中市：展讀文化，2007
〔民96〕面；公分.－－（找樂子：2）

ISBN 978-986-82157-5-7（平裝）

544.37   96006137